Herzenswünsche vom kleinen Prinzen

Die schönsten Gedanken und Zitate

von Antoine de Saint-Exupéry

arsEdition

Was wäre die Welt nur ohne sie –
liebe Menschen, denen wir von
ganzem Herzen das Beste wünschen!
Dieser Aufsteller soll dir viele Herzenswünsche
vom kleinen Prinzen mit auf den Weg geben,
damit sie dich aufmuntern, bestärken
und dir kleine und große
Glücksmomente schenken.

Am Ende geht einer
doch **immer** dahin,
wohin es ihn zieht.

FLUG NACH ARRAS

Ich wünsche
dich beständig
und fest gegründet.
Ich wünsche dich treu.
Denn **Treue** ist vor allem
Treue zu sich selbst.

DIE STADT IN DER WÜSTE

Dass du es schaffst,
deiner Seele Gutes zu tun,
das ist mein Wunsch
für dich.

Hier ist mein Geheimnis.
Es ist ganz einfach:
Man sieht nur
mit dem **Herzen** gut.
Das Wesentliche ist
für die Augen unsichtbar.

DER KLEINE PRINZ

Wenn du zum Beispiel um vier Uhr nachmittags kommst, kann ich um drei Uhr anfangen, glücklich zu sein. Je mehr die Zeit vergeht, umso glücklicher werde ich mich fühlen. Um vier Uhr werde ich mich schon aufregen und beunruhigen; ich werde erfahren, wie teuer das Glück ist. Wenn du aber irgendwann kommst, kann ich nie wissen, wann mein Herz da sein soll … Es muss feste Bräuche geben.

DER KLEINE PRINZ

Man kann die Welt nur nach dem verstehen, was man erlebt.

WIND, SAND UND STERNE

Es gibt Wunder,
von denen man besser schweigt.
Man tut sogar besser daran,
nicht viel an sie zu denken.
Man versteht sonst die Welt
nicht mehr (...).

WIND, SAND UND STERNE

Ein Himmel voller
leuchtender Sterne, die dir
den Weg weisen, das wünsche
ich dir von Herzen.

Ich aber sage, dass nichts
ohne die Liebe geschehen kann (...).
Je mehr du gibst, umso mehr wächst du.
Es muss aber einer da sein,
der empfangen kann. Und es ist kein
Geben, wenn man dabei nur verliert.

DIE STADT IN DER WÜSTE

Denn der kommt am weitesten
und hat den größten Erfolg,
der sich am meisten
mit sich selber abmüht.
Darum sollt ihr euch
vor allem um
die Liebe kümmern.

DIE STADT IN DER WÜSTE

Mach dir
die Welt so bunt,
wie sie dir gefällt!

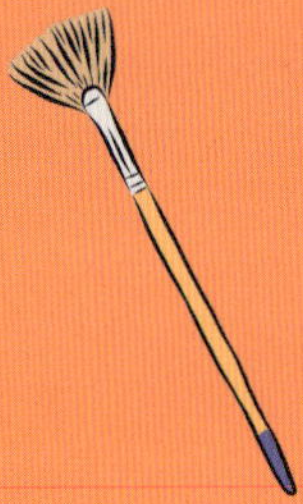

Du bist mitten in
deinem Handeln drin.
Dein Handeln
bist du selbst.
Du findest dich
sonst nirgends mehr.

FLUG NACH ARRAS

Nur das Unbekannte ängstigt den Menschen. Sobald man ihm die Stirn bietet, ist es schon kein Unbekanntes mehr, besonders wenn man es mit hellsichtigem Ernst beobachtet.

WIND, SAND UND STERNE

Sei mutig und stürze dich
in ein Abenteuer ...

Du, du wirst
Sterne haben,
wie sie niemand
hat …
DER KLEINE PRINZ

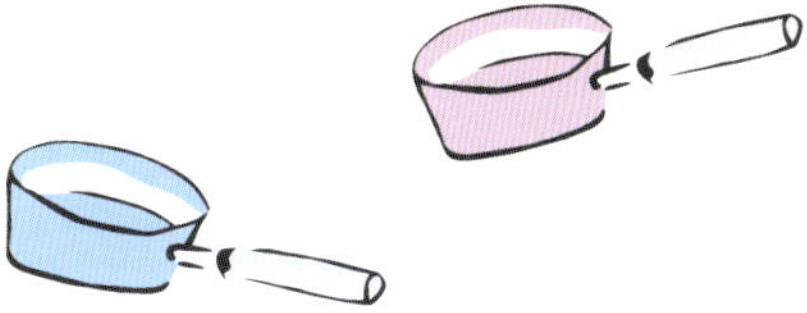

Das Wesentliche ist, dass das, wovon man gelebt hat, irgendwo weiterbesteht. Und die überlieferten Gewohnheiten. Und das Familienfest. Und das Haus der Erinnerungen. Das Wesentliche ist, dass man für die Rückkehr lebt.

BEKENNTNIS EINER FREUNDSCHAFT

Ich liebe die
Sonnenuntergänge sehr.
Komm, lass uns einen
Sonnenuntergang anschauen ...

DER KLEINE PRINZ

Ich wünsche dir Momente, die dein Herz schneller klopfen lassen.

Ich wünsche dir
die Lebenskraft einer Blume,
die den Winter abwartet und
schließlich zu ihrer Zeit blüht.

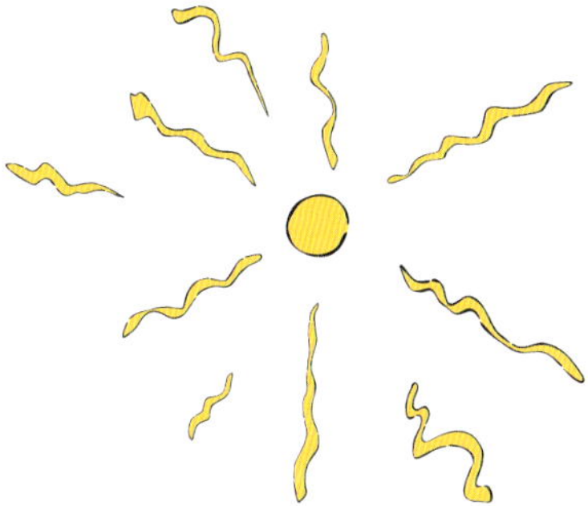

Man darf den Blumen
nicht zuhören, man
muss sie anschauen
und einatmen.

DER KLEINE PRINZ

Wenn einer eine Blume liebt,
die es nur ein einziges Mal gibt auf allen Millionen
und Millionen Sternen, dann genügt es ihm völlig,
dass er zu ihnen hinaufschaut, um glücklich zu sein.

DER KLEINE PRINZ

Hab Freude
an allem, was dein
Leben bereichert.

Nur eins rettet:
ein Schritt – und noch ein Schritt.
Immer wieder tut man
denselben Schritt.

WIND, SAND UND STERNE

Sei stolz auf alles,
was du bis jetzt erreicht hast.

Einen lieben Menschen
an deiner Seite, der dir Halt
und Geborgenheit schenkt,
das ist mein Wunsch für dich.

Es war mein Wunsch,
vor allem das Glück kennenzulernen.
(...) man spürt das Glück innerlich wie eine Frucht,
die von ihrem Geschmack voll ist.

DIE STADT IN DER WÜSTE

Nur in der Stille
kann die Wahrheit eines jeden
Früchte ansetzen
und Wurzeln tragen.

DIE STADT IN DER WÜSTE

(…) damit ein Blütentraum entstehen kann,
muss zunächst ein Baum da sein,
und damit ein Mensch glücklich sein kann,
muss er zunächst Mensch sein.

DIE STADT IN DER WÜSTE

Der Mensch trägt etwas in sich,
das größer ist als er selber.

DIE STADT IN DER WÜSTE

Jeder Tag
soll ein schöner Tag
für dich sein!

Um bestehen zu können,
brauchen wir um uns herum (...)
dauerhafte, wirkliche Dinge.

SÜDKURIER

Vollkommenheit
ist offensichtlich
nicht dann erreicht,
wenn man nichts mehr
hinzuzufügen hat,
sondern wenn man
nichts mehr
wegnehmen kann.

WIND, SAND UND STERNE

Leben heißt lernen,
auch mal über
seinen Schatten zu springen.

Es ist wundersam,
wie man sich
jeder Lage anpasst.

WIND, SAND UND STERNE

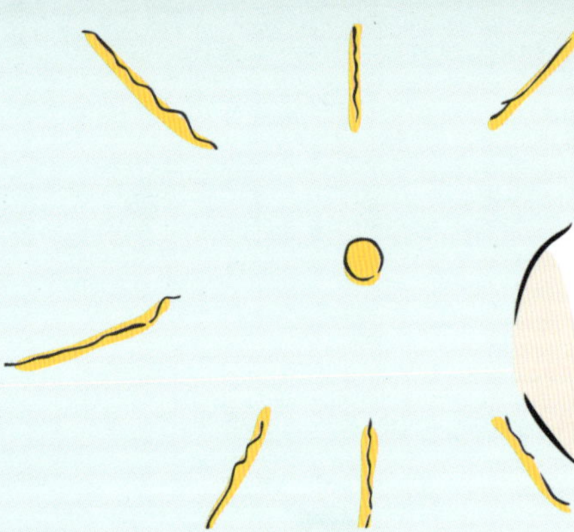

Ein Lächeln
ist oft das Wesentliche.
Man wird mit einem Lächeln
bezahlt. Man wird mit
einem Lächeln belohnt.
Man wird durch
ein Lächeln belebt.

BEKENNTNIS EINER FREUNDSCHAFT

Ich wünsche dir jeden Tag
ein kleines Kompliment.

Nichts wiegt den Schatz so
vieler gemeinsamer Erinnerungen auf,
gemeinsam durchgemachter
schlimmer Stunden, Zerwürfnisse,
Versöhnungen, und die Augenblicke,
in denen das Herz warm wurde.
Solche Freundschaften lassen sich
nicht anfertigen.

WIND, SAND UND STERNE

Wenn wir das Wesentliche erkennen wollen,
müssen wir für einen Augenblick
alle Trennungen vergessen.

WIND, SAND UND STERNE

Ich werde eine Hymne auf die Stille schreiben.
(...) Stille, die dich bei der Entfaltung
deiner Gedanken behütet. (...)
Stille der Gedanken, die ihre Flügel breiten,
denn es ist schlecht, wenn du in deinem Geiste
oder deinem Herzen unruhig bist.

DIE STADT IN DER WÜSTE

Mein Wunsch für dich:
Lass dich nicht
aus der Ruhe bringen.

Genieße das Leben!

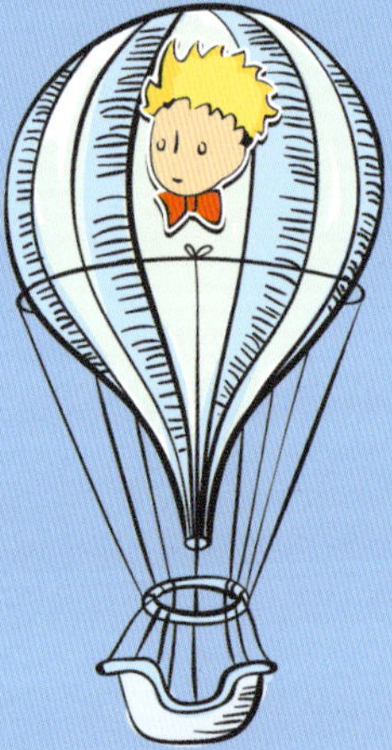

Wie wenig Lärm machen
die wirklichen Wunder!
Wie einfach sind die
wesentlichen Ereignisse.

BEKENNTNIS EINER FREUNDSCHAFT

Lass Vergangenes hinter dir
und freue dich darauf,
was die Zukunft bringen mag.

Deine gesamte Vergangenheit ist
nur eine Geburt des heutigen Tages.
Sie ist so und nicht anders.
Nimm sie, wie sie ist, und verrücke
nicht die Berge darin. Sie sind,
wie sie nun einmal sind.

DIE STADT IN DER WÜSTE

Die Zukunft soll man
nicht voraussehen wollen,
sondern möglich machen.

DIE STADT IN DER WÜSTE

Öffne dein Herz
für die kleinen Dinge
des Lebens.

Vergiss nicht,
du bist nicht allein.

Mein Stern wird für dich einer der Sterne sein.
Dann wirst du alle Sterne gern anschauen …
Alle werden sie deine Freunde sein.

DER KLEINE PRINZ

Die Erfahrung lehrt uns,
dass Liebe nicht darin besteht,
dass man einander ansieht,
sondern dass man **gemeinsam**
in gleicher Richtung blickt.

WIND, SAND UND STERNE

Mein Herzenswunsch für dich:
viele Momente, die deine Seele
zum Leuchten bringen.

Leben
heißt langsam
geboren werden.
Es wäre allzu bequem,
fixfertige Seelen auszuleihen.

FLUG NACH ARRAS

Lies aus der Gegenwart
das Sein ab, zu dem du wirst.
Gib ihm Ausdruck.

DIE STADT IN DER WÜSTE

Schicke deine Wünsche
und Träume auf eine kleine Reise.

Der Nachtflug mit seinen hunderttausend Sternen, die lichte Heiterkeit, das herrliche Gefühl einiger Stunden lassen sich für Geld nicht kaufen.

WIND, SAND UND STERNE

So erkannte ich
immer deutlicher,
dass man den Menschen
nicht zuhören darf,
sondern sie verstehen muss.

DIE STADT IN DER WÜSTE

Wenn uns
ein außerhalb
unseres Ichs liegendes
gemeinsames Ziel
mit anderen Menschen
brüderlich verbindet,
dann allein atmen wir frei.

WIND, SAND UND STERNE

Es geht nicht um Ware,
die man einsparen könnte,
sondern um Regungen des Herzens.
Denn **Schenken** ist ein
Brückenschlag über den Abgrund
deiner Einsamkeit.

DIE STADT IN DER WÜSTE

Sei dankbar für alles,
was dich glücklich macht.

Wichtig ist, dass man sich auf ein Ziel hinbewegt,
das sich vorläufig noch nicht zeigt.
Dieses Ziel gilt nicht dem Verstand,
sondern dem Geist.

FLUG NACH ARRAS

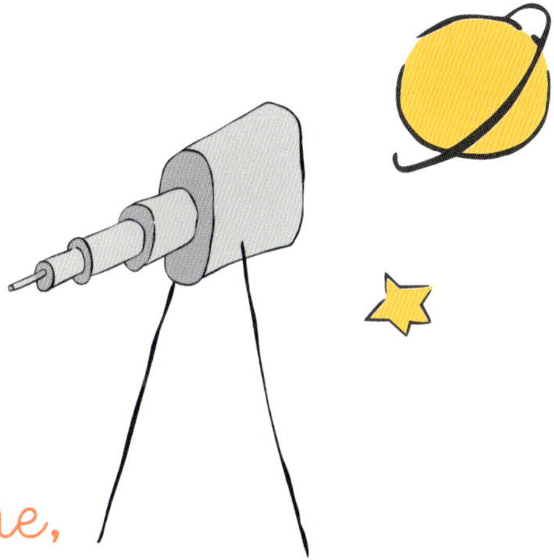

Wenn ich suche,
habe ich gefunden,
denn der Geist verlangt
nur nach den Dingen,
die er besitzt.

DIE STADT IN DER WÜSTE

Ich wünsche dir,
dass du das tun kannst,
was du liebst,
und das liebst, was du tust.

Manche Leute bleiben für ihr Leben in ihren Geschäften stecken, andere aber gehen mit untrüglicher Sicherheit einen Weg in ganz bestimmter Richtung.

WIND, SAND UND STERNE

Bejahe den Tag, wie er dir geschenkt wird, statt dich am Unwiederbringlichen zu stoßen.

DIE STADT IN DER WÜSTE

Hab ein Auge für
die kleinen Überraschungen,
die das Leben
für dich bereithält.

Die wahre Liebe:
ein Gewebe von Bindungen,
das einen werden lässt.

FLUG NACH ARRAS

Wenn du eine Blume liebst, die auf einem Stern wohnt, so ist es schön, bei Nacht den Himmel zu betrachten. Alle Sterne sind voll Blumen.

DER KLEINE PRINZ

Mein Wunsch für dich:
gelassen über den Dingen stehen,
die du nicht ändern kannst.

Sicherlich entflieht man sich beim Reisen
auf der Suche nach der **Weite.**
Aber die Weite lässt sich nicht finden.
Sie gründet sich. Und die Flucht hat
noch niemals irgendwohin geführt.

FLUG NACH ARRAS

Ich habe die Wüste immer geliebt.
Man setzt sich auf eine Sanddüne.
Man sieht nichts.
Man hört nichts.
Und währenddessen
strahlt etwas in der Stille.

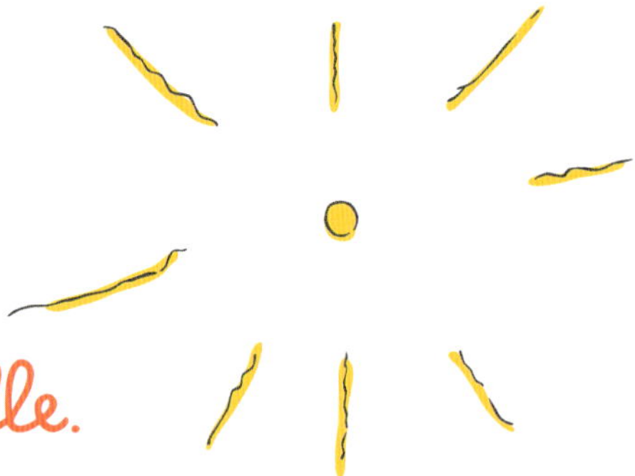

DER KLEINE PRINZ

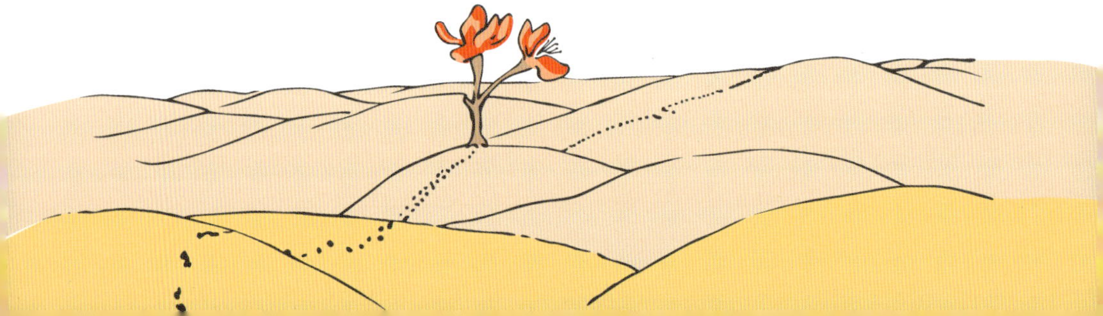

Mein Wunsch für dich:
Wenn die Zeit zu schnell vergeht,
mache eine Pause
und ruhe dich etwas aus.

Ich wünsche dir,
dass du dir die Zeit nimmst
für Dinge, die dich
glücklich machen.

Ich tauche in die Nacht
und ziehe meine Bahn.
Nur noch die Sterne gehören mir.

WIND, SAND UND STERNE

Oh, das Wunder des heimatlichen Hauses besteht nicht darin, dass es uns schützt und wärmt, es besteht auch nicht im Stolz des Besitzes. Seinen Wert erhält es dadurch, dass es in langer Zeit einen Vorrat von Beglückung aufspeichert, dass es tief im Herz die dunkle Masse sammelt, aus der wie Quellen die Träume entspringen.

WIND, SAND UND STERNE

Die Freundschaft ist (…)
der große Austausch des Geistes,
der sich über alle Kleinigkeiten
des Alltags hinwegsetzt.

DIE STADT IN DER WÜSTE

Der Mensch
ist nichts als ein Bündel von
Beziehungen. Die Beziehungen allein
zählen für den Menschen.

FLUG NACH ARRAS

Einen **Felsen** für stürmische Zeiten,
das wünsche ich dir.

Bereise die Welt,
lass dich treiben,
genieße das Leben!

Der ganze Tag
erscheint schön,
gleich Straßen,
die zum Meer führen.

WIND, SAND UND STERNE

Zu dir kann ich kommen (...). In deiner Nähe muss ich mich nicht entschuldigen, nicht verteidigen, muss ich nichts beweisen; (...) über meine ungeschickten Worte, über die Urteile hinweg, die mich irreführen können, siehst du in mir einfach den Menschen.

BEKENNTNIS EINER FREUNDSCHAFT

Ich wünsche dir liebe Menschen,
mit denen du offen über deine
Freuden und Sorgen, Hoffnungen
und Träume sprechen kannst.

»Weißt du … ich kenne ein Mittel,
wie du dich ausruhen könntest,
wenn du wolltest …«
Denn man kann
treu und faul
zugleich sein.

DER KLEINE PRINZ

Im Trubel des Alltags
wünsche ich dir,
dass du stets Zeit für dich findest,
um neue Energie zu tanken.

Glückliche Stunden,
die du in guter Erinnerung behältst –
das ist mein Wunsch für dich!

Die wahre Freude
ist die Freude am andern.

BEKENNTNIS EINER FREUNDSCHAFT

Wenn man begreifen will, so ist die erste Voraussetzung hierfür eine Art Uneigennützigkeit; man muss sich selber vergessen können.

BRIEFE AN RINETTE

Wenn du fliegen willst,
musst du loslassen.

Du kennst nicht die Stunde des Besuches,
aber du musst wissen, dass er allein
in der Welt die Macht hat,
dich mit **Glück** zu erfüllen.

DIE STADT IN DER WÜSTE

Du wirst immer mein Freund sein.
Du wirst Lust haben, mit mir zu lachen.

DER KLEINE PRINZ

Denn die Arme der Liebe halten dich gut,
sie halten deine Gegenwart,
deine Vergangenheit, deine Zukunft,
die Arme der Liebe umfassen dich ganz …

SÜDKURIER

Die schönen Dinge passieren,
wenn du sie am wenigsten
erwartest.

Jemanden an deiner Seite,
der dir viele Glücksmomente
schenkt, das wünsche ich dir
von Herzen.

Wenn du, mein Freund, etwas voller Liebe
von mir empfängst, so ist es, als wenn du
den Botschafter meines inneren
Reiches willkommen hießest!
Und du behandelst ihn
freundlich und bittest ihn,
sich zu setzen, und hörst ihn an.
Und so sind wir glücklich.

DIE STADT IN DER WÜSTE

Dass du nicht lockerlässt
bei Angelegenheiten,
die dir wichtig sind,
das ist mein Wunsch für dich.

Wir wissen nur,
dass es ungeahnte Situationen gibt,
die uns erfinderisch werden lassen.

WIND, SAND UND STERNE

Das, worauf es im Leben ankommt,
können wir nicht voraussehen.
Die schönste **Freude** erlebt man immer
da, wo man sie am wenigsten erwartet.

WIND, SAND UND STERNE

Finde immer einen Grund,
das Leben zu feiern!

Lass dich von den kleinen
und großen Erfolgsmomenten
beflügeln.

Die Zeit,
die du für deine Rose
verloren hast,
sie macht deine Rose
so wichtig.

DER KLEINE PRINZ

(…) Wichtig allein ist die Weite der Seele –
der Seele mit ihren Wettern, ihren Bergen, ihren
Einöden des Schweigens, ihren Schneeschmelzen,
ihren Blumenhängen, ihren schlafenden Wassern:
All das ist eine unsichtbare und erhabene Bürgschaft.
Und auf ihr beruht dein Glück und du kannst dich
nicht mehr davon trennen.

DIE STADT IN DER WÜSTE

Dass der Wind deine Sorgen
und Ängste davonträgt,
das wünsche ich dir.

Wenn du bei Nacht den Himmel anschaust, wird es dir sein, als lachten alle Sterne, weil ich auf einem von ihnen wohne, weil ich auf einem von ihnen lache. Du allein wirst Sterne haben, die lachen können!

DER KLEINE PRINZ

Ich weiß dir Dank dafür,
dass du mich so hinnimmst,
wie ich bin. Mein Freund,
ich brauche dich wie
einen Gipfel, auf dem
man freier atmet!

BEKENNTNIS EINER FREUNDSCHAFT

Du wirst geliebt,
so, wie du bist!

Der Kleine Prinz®

Gestaltung: Eva Schindler, Grafing

ISBN: 978-3-8458-5307-9

www.arsedition.de

FSC www.fsc.org
MIX
Papier aus verantwortungsvollen Quellen
FSC® C020056